abc
Byd Natur

Luned Aaron

I Eos ac Olwen

Argraffiad cyntaf: 2016
ⓗ testun a lluniau: Luned Aaron 2016
Dylunio: Eleri Owen

Cyhoeddwyd gyda chymorth Cyngor Llyfrau Cymru

Rhif llyfr rhyngwladol: 978-1-84527-584-6

www.carreg-gwalch.com

Aa

alarch

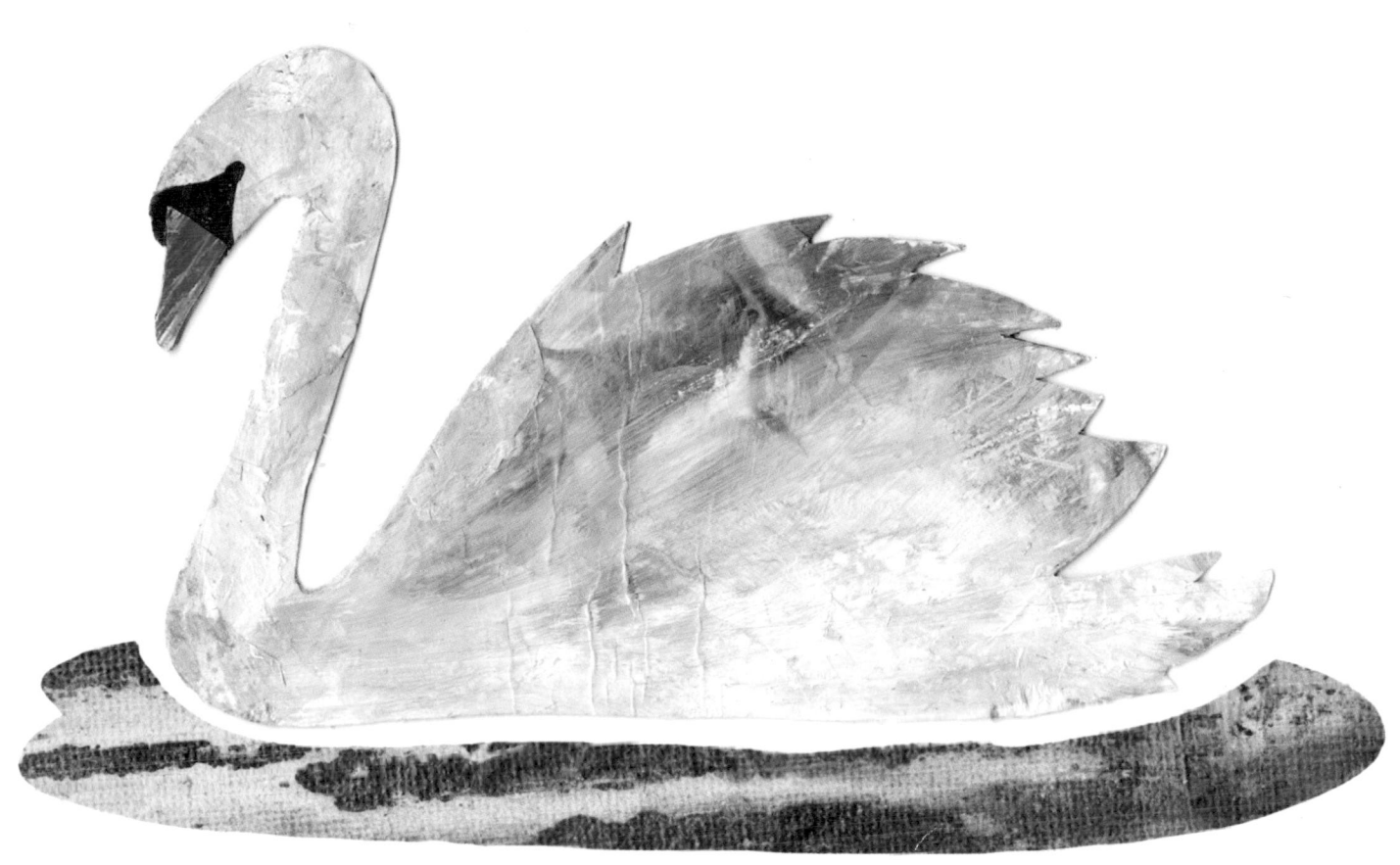

Bb
broga

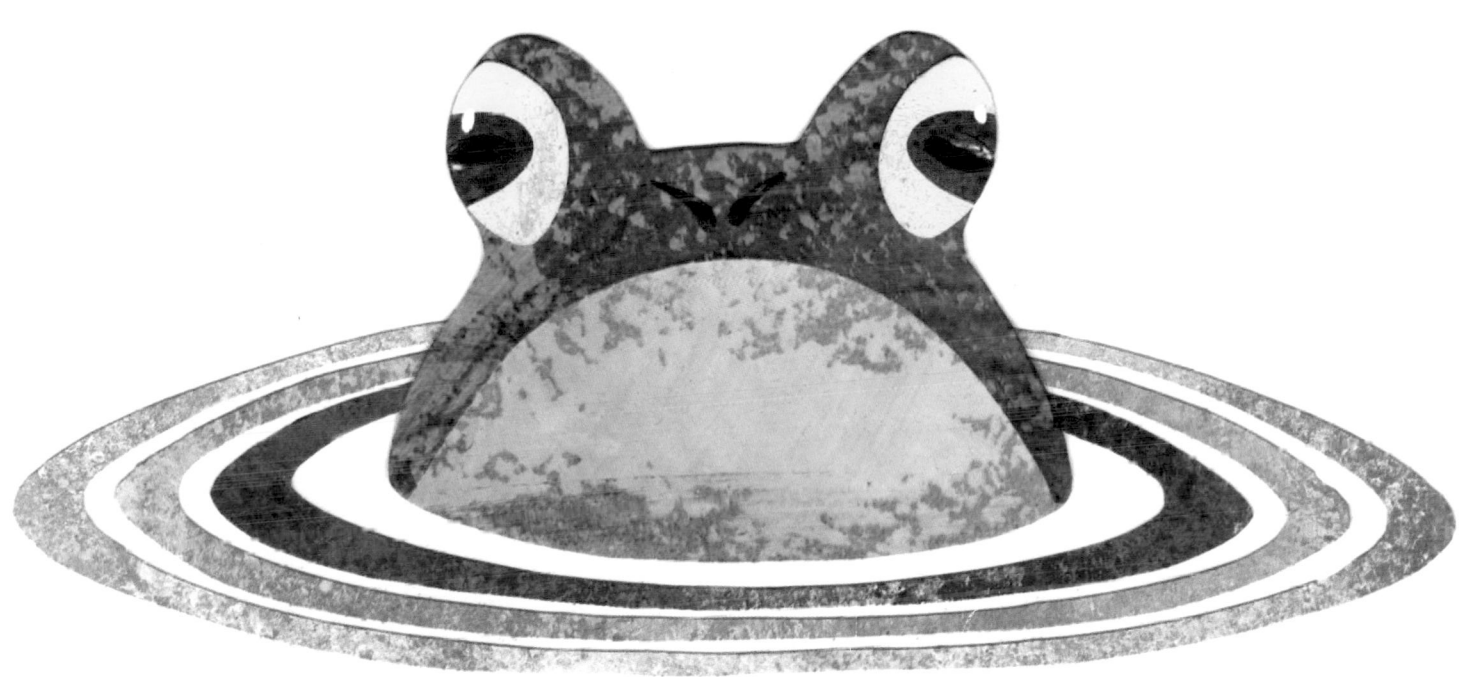

Cc

cragen

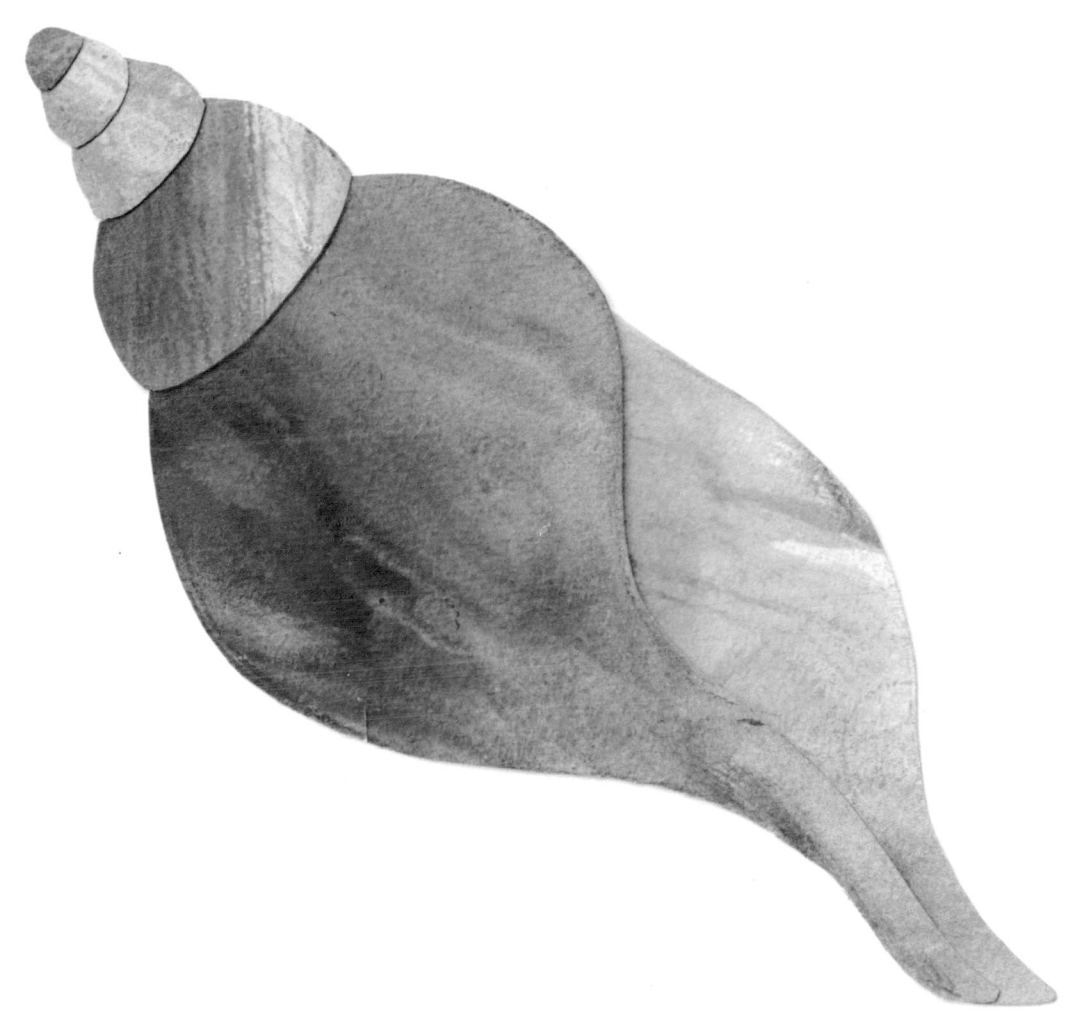

Ch ch

chwilen

Dd
dant y llew

Dd dd

y ddeilen

Ee

eirin

Ff

y fuwch
goch gota

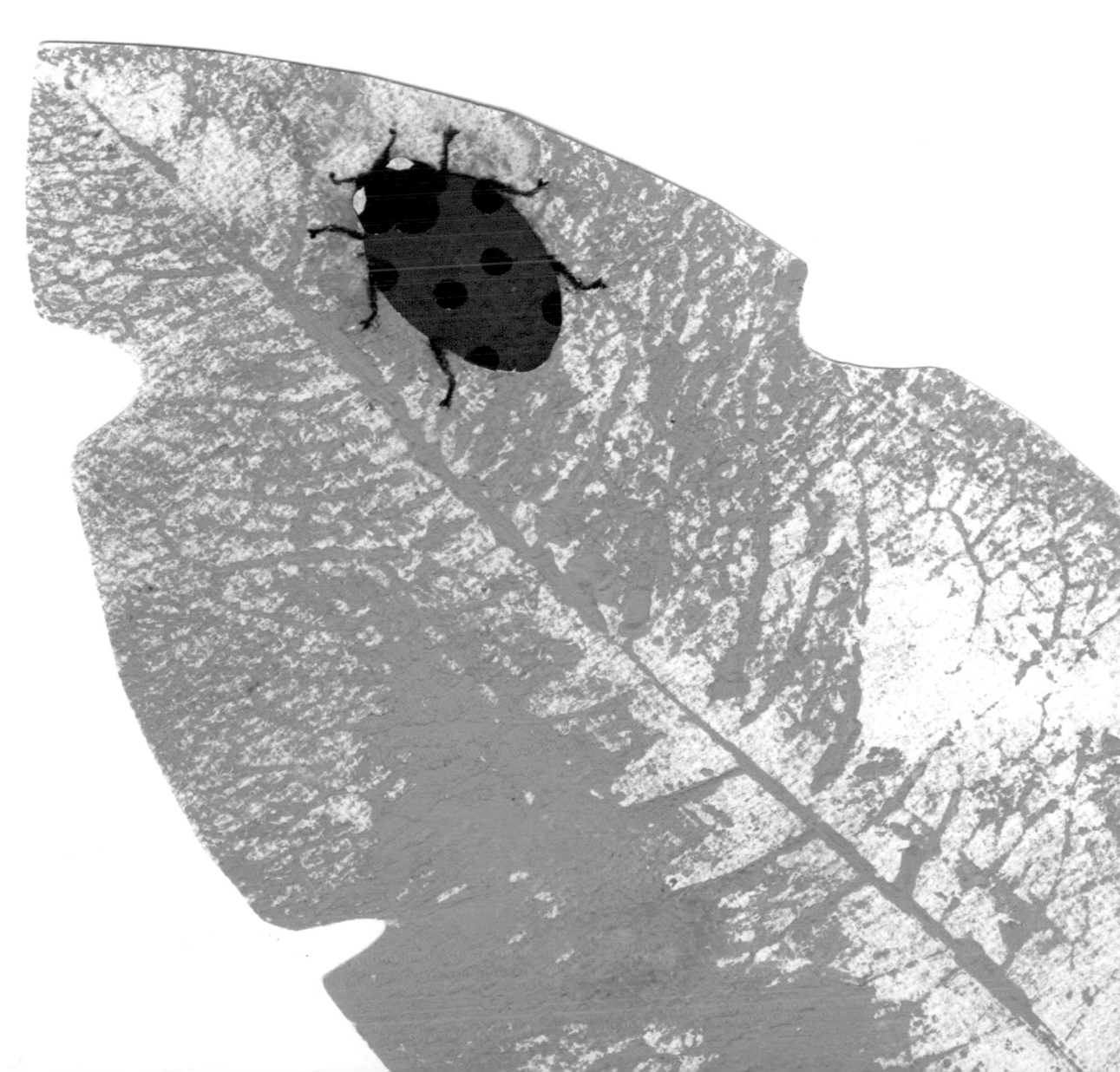

Ff ff

ffesant

Gg

gwas y neidr

Ng ng

fy ngellygen

Hh
hedyn

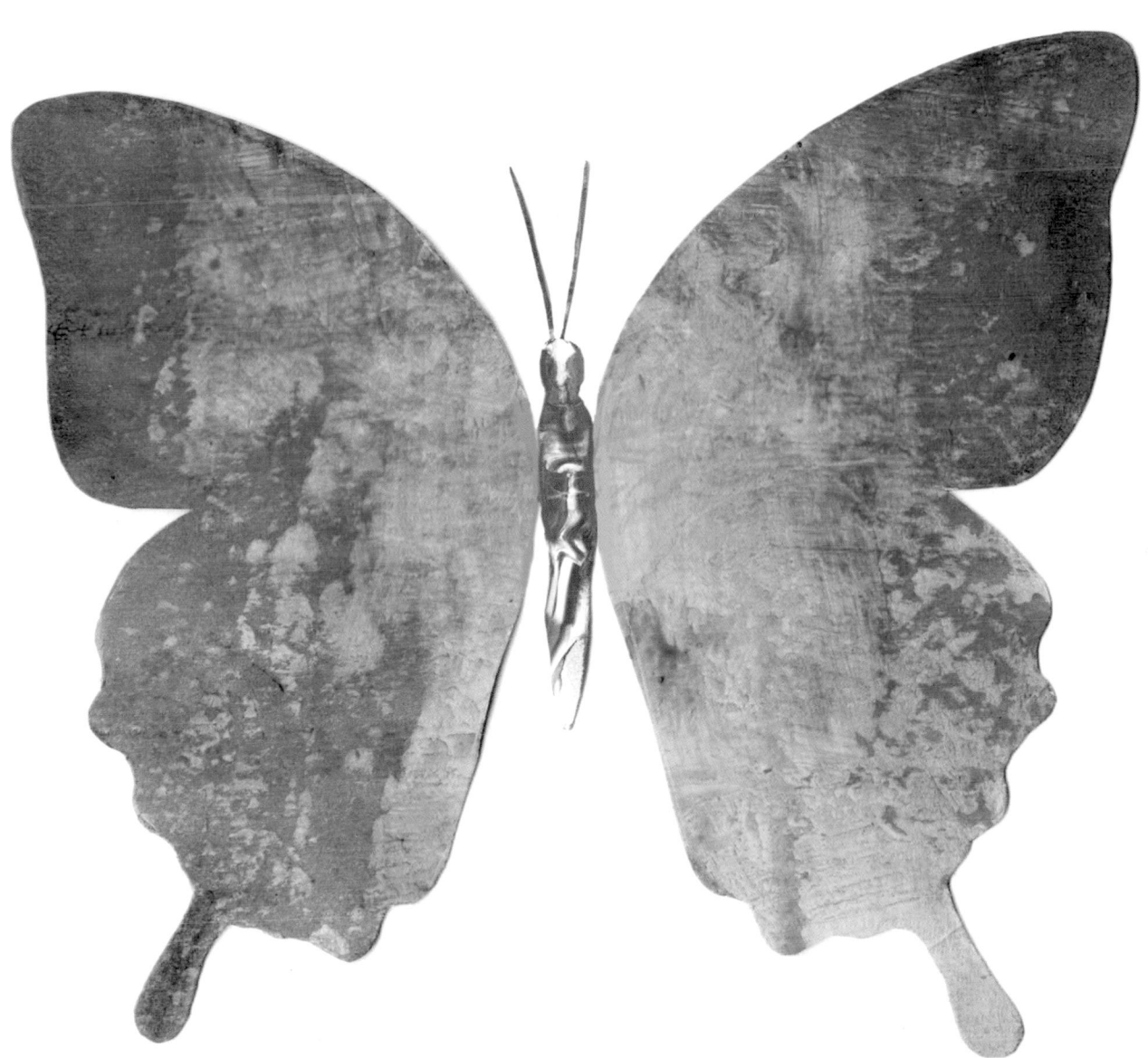

Jj

jac-y-do

Ll

lindys

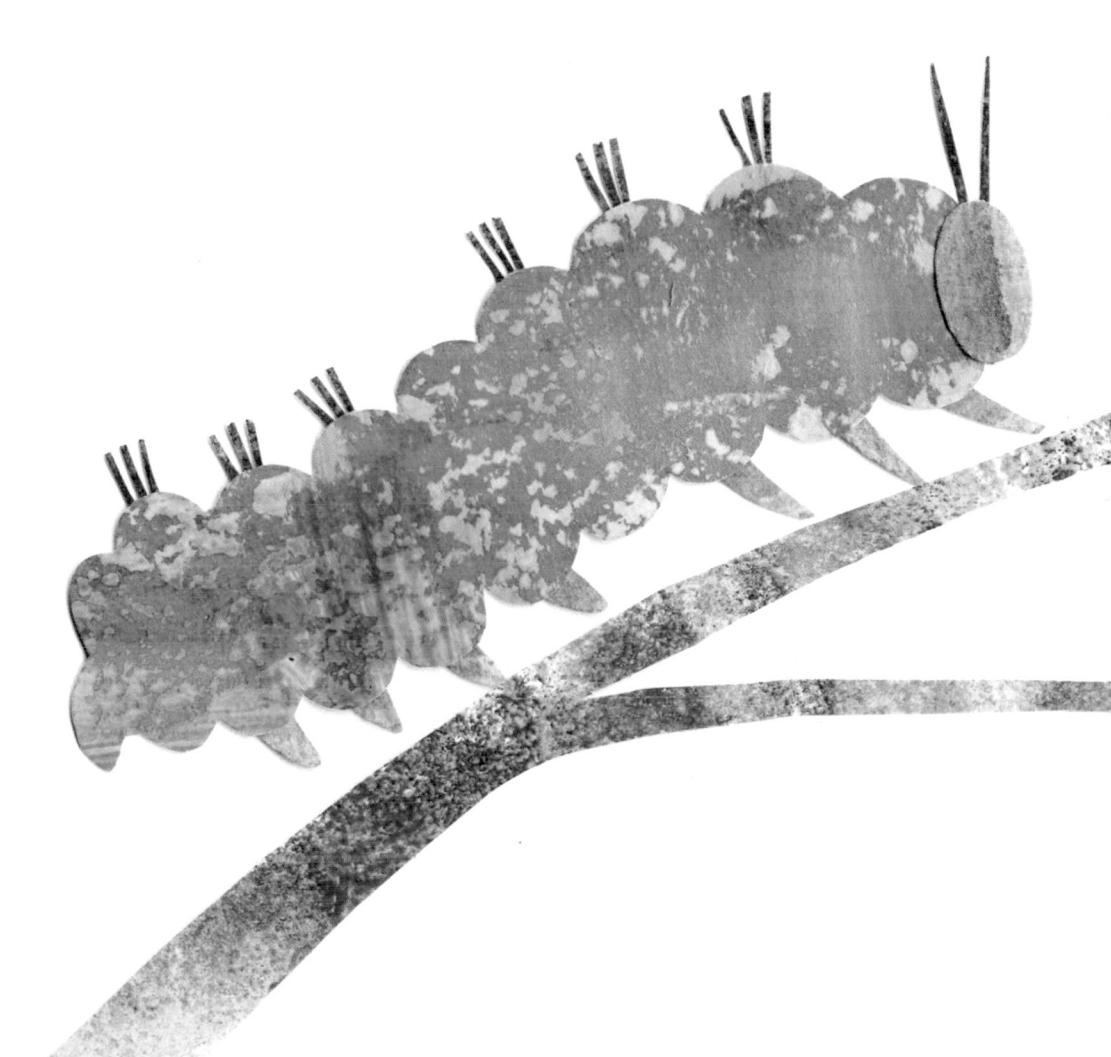

LII

llygoden

Mm

mesen

Nn

nyth

oen

Pp

pysgodyn

Ph ph

ei phluen

Rr

robin goch

Rh rh

rhosyn

Ss

seren fôr

Tt

twrch daear

Th th

ei thylluan

Uu

uchelwydd

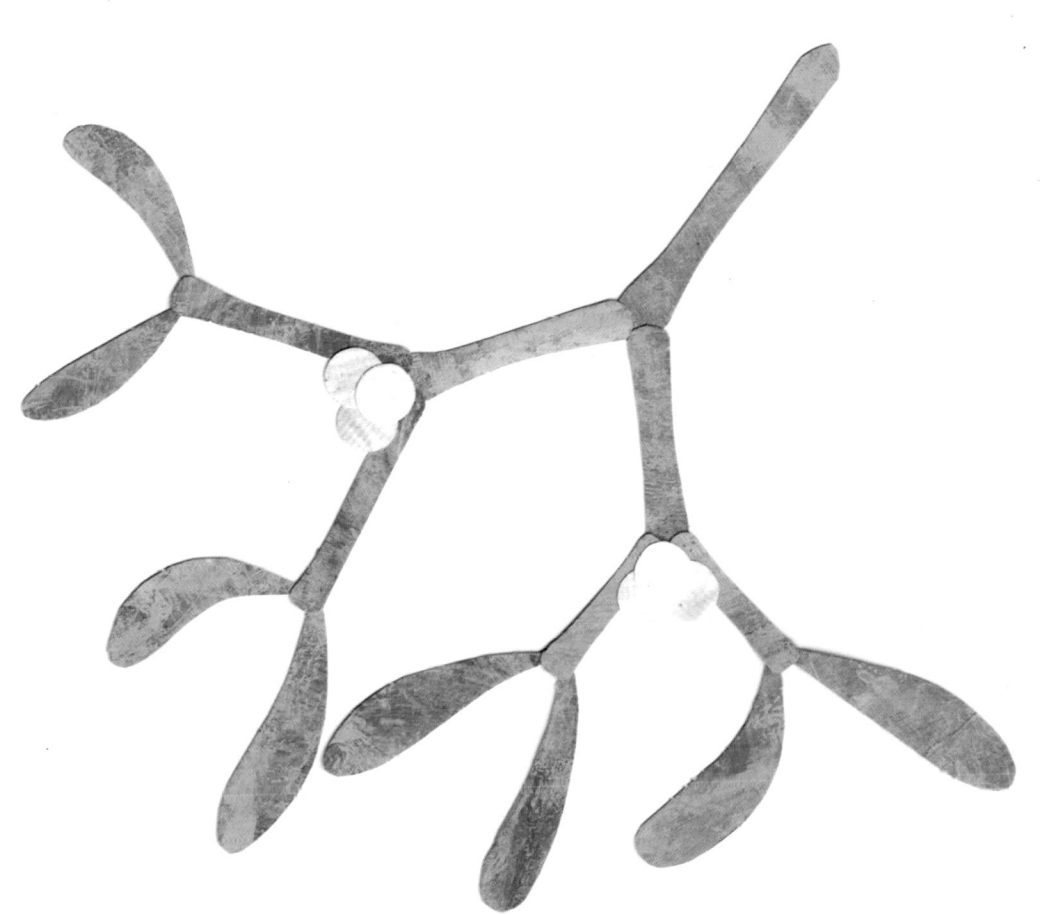

Yy

ystlum

ABC Byd Natur
ABC Nature

A	alarch	swan
B	broga	frog
C	cragen	shell
Ch	chwilen	beetle
D	dant y llew	dandelion
Dd	y ddeilen	leaf
E	eirin	plum
F	y fuwch goch gota	ladybird
Ff	ffesant	pheasant
G	gwas y neidr	dragonfly
Ng	fy ngellygen	pear
H	hedyn	seed
I	iâr fach yr haf	butterfly
J	jac-y-do	jackdaw
L	lindys	caterpillar

Ll	llygoden	mouse
M	mesen	acorn
N	nyth	nest
O	oen	lamb
P	pysgodyn	fish
Ph	ei phluen	feather
R	robin goch	robin
Rh	rhosyn	rose
S	seren fôr	starfish
T	twrch daear	mole
Th	ei thylluan	owl
U	uchelwydd	mistletoe
W	wy	egg
Y	ystlum	bat